D1720112

Merveilles de Paris

LÉON-PAUL FARGUE

Merveilles de Paris

FATA MORGANA

LES CATACOMBES

L'affaire du crâne du sultan Makoua, que les indigènes du Vahehé réclament à cor et à cris depuis bientôt quarante ans, et que les échanges de notes entre Foreign Office et Wilhelmstrasse placent en ce moment au sommet de l'actualité, ramènent l'attention sur les Catacombes, grands magasins de crânes et d'ossements.

Pour moi, je ne puis hasarder le pied dans ces ténèbres sans évoquer, le long de leur voyage au centre de la terre, le professeur Otto Lidenbrock (dont le nez attirait la limaille de fer), son neveu Axel, et le guide Hans, tous trois mourant de soif dans un sombre couloir, derrière le mur duquel ils entendaient grogner les dieux de l'eau bienfaisante. Assurément, la descente dans les Catacombes de Paris est une sorte de préface au voyage dans le centre de la terre. On y devine sous ses semelles le commencement d'une aventure sensationnelle, et l'on s'y perd sans le faire exprès, tout comme Hubert Robert, lequel ne retrouva pas facilement son chemin vers le ciel.

Comme les compagnies de chemins de fer, les Catacombes ont leur service d'été et leur service d'hiver. D'octobre à juin, les visites n'ont lieu que les premier et troisième samedis de chaque mois, et tous les samedis, de juillet à octobre. On a calculé que la population – si l'on peut dire – de cette sorte de ville, ou plutôt de ce comprimé de grande ville, était environ de quinze millions d'âmes mortes, et cela, n'est-ce pas, fait frémir ! Il y a dix ans que je ne m'étais risqué dans le secret de ces gisements, et j'avais demandé à Sem, avec qui j'avais déjeuné dans une excellente boutique de la place Denfert-Rochereau, de m'y accompagner. Sem tremblait de frousse. Autant il était parfois féroce sur le papier, autant il se révélait craintif et prudent dans la vie. Je vois encore les rides célèbres de son visage se multiplier à mesure que nous descendions vers les mâchoires et les pots sans fleurs des boîtes crâniennes. A la sortie, il s'éloigna brusquement de moi, comme un spectre, et m'accusa de longues semaines de sentir le macchabée !...

Bien que plus coriace que l'inoubliable caricaturiste, ce n'est pas sans un serrement de cœur que j'ai recommencé, il y a quelques jours, le voyage au centre de la terre. Je m'étais muni d'une bougie, selon la règle formelle, et j'eus la chance de prendre la suite d'une noce «en vadrouille» qui voulait s'amuser d'une façon assez pittoresque au sortir d'un festin. Divertissement singulier et macabre, et qui me faisait songer aux romans suédois et aux cauchemars des noyés qu'on rappelle doucement à la vie. Parmi ce cortège, dont les plaisanteries semblaient attenter à la solennité austère du lieu, se trouvait un érudit de village qui se chargeait de donner à ses compagnons des éclaircissements péremptoires à tout bout de champ. J'en pris pour mon grade, d'autant plus que le gaillard avait la manie de me confondre dans l'obscurité avec un convive quelconque de sa bande, et de me prendre brutalement à témoin des explications qu'il fournissait.

Nous protégions la flamme de nos bougies de la paume de la main, et nous descendions pour quarante sous vers les mânes des Innocents, de Madame Elisabeth, de Danton, de Camille Desmoulins, de Lavoisier et de ce sacré petit Robespierre, qui porta toute sa vie une manière de tête de mort sur son cou de pédéraste de salon. On ne saurait affirmer que la poussière et les condyles de ces messieurs aient été jetés ici pêle-mêle, et cependant il est prouvé que le contenu du cimetière Monceau de 1794 fut bel et bien versé dans ces carrières gallo-romaines, d'où l'on extrayait autrefois le calcaire à bâtir.

Le réseau souterrain, tel qu'il existe aujourd'hui sous Montrouge, Montsouris et Gentilly, et dans lequel se réfugièrent jadis les «gangsters» des siècles passés, ainsi que les soixante-dix escaliers qui plongent dans les Catacombes proprement dites, datent de 1815 et sont contemporains des hécatombes napoléoniennes.

Nous descendons d'un pas précautionneux sur une boue tragique, bougie en main, les quatre-vingt-onze marches d'un étroit escalier en colimaçon, qui se transforme soudain en une mince et interminable galerie où nous sommes obligés de prendre la queue-leu-leu. Je voudrais retourner en arrière que je ne le pourrais plus ; les visiteurs qui me suivent seraient incapables de me laisser passer.

Le rebrousse-poil est banni.

Brusquement, nous avons tous l'impression que la terre s'est refermée derrière nous, comme un œil, et que nous ne reverrons le jour qu'en Polynésie ou dans le guano du Pérou, après avoir erré des heures et des années, nous brûlant les doigts aux mèches puantes de nos chandelles. Je lève la tête : le plafond du couloir est bas et triste comme un plafond de chambre d'hôtel de chef-lieu de canton. Je devine des rats flemmards, gros comme des radis noirs, dans les plis de cette mine. Des rochers, que soutient une maçonnerie que je m'efforce de croire solide comme une cathédrale, tombe parfois sur ma manche une goutte d'eau lourde – du moins je me mets l'esprit à la torture pour en être persuadé ! Ah ! comme le regretté Sem avait raison de frémir dans ces pans d'ombre tantôt glacée et tantôt tiède. Les parois transpirent comme des fronts effrayés. Toute la noce s'est tue, et le guide bénévole qui plaisantait tout à l'heure sur l'air des lampions en citant la date de consécration de cet immense cimetière, a senti les mots lui rentrer dans la gorge...

Je me retourne parfois pour jeter les yeux sur la grosse dame qui me suit, haletante et fatiguée, et je la vois prise de hoquets à la vue des galeries noires, barrées d'une chaîne sinistre, qui prennent naissance sur notre route dite classique. Où conduisent toutes ces portes de l'enfer, dont l'entrée est interdite ?

Peint au milieu du plafond et pareil à ces démarcations qu'on voit aujourd'hui sur les routes nationales, un long ruban noir indique notre direction et nous guide vers un dénouement qui semble s'éloigner. Voici une courte carrière qui surgit, et la voie se rétrécit aussitôt, à tel point que j'essuie souvent, de la manche de mon pardessus, le cérumen des parois lugubres. Parfois, une femme à bout d'émotion pousse un petit cri, à quoi les hommes répondent par des encouragements plaisants.

Au bout d'un quart d'heure de marche dans le secret de cette Atlantide, notre caravane s'arrête enfin devant une petite salle, l'imagination harassée.

– C'est là ! dit avec un léger trémolo une voix qu'on ne peut identifier.

En effet, c'est là ! Une sorte de croque-mort officiel, un revenant de tunnel, nous avertit que nous allons pénétrer dans l'ossuaire, que je situe mentalement au

11

carrefour des avenues de la Tombe-Issoire et de Mont-souris, des rues Du Couëdic et Dareau. Pour se donner un peu de courage, le guide de fortune évoque la mort du géant Isore, roi des Sarrasins, qui aurait rendu l'âme non loin de l'église Saint-Dominique, mais nous nous foutons pas mal de son érudition. Déjà l'angoisse nous a saisis à la gorge, et je me sens une soif pareille à celle des héros de Jules Verne.

Enfin, j'entre à mon tour parmi les morts, parmi les millions et les millions de morts qui jonchent le sol du dépôt sans limites où nous nous trouvons réunis. C'est une sorte d'immense steppe noirâtre et fantastique où poussent, champignons innombrables, les crânes de plusieurs siècles de vie, une plage sans bords parsemée à l'infini de galets en forme de tête... Drôle d'idée de venir ici quand on vient de convoler : ce ne sont, à perte de vue, que nez grattés de squelettes, trous de regards envolés, bauges sans animal, nids sans oiseaux, mâchoires sinistres de ce qui fut peut-être un jour ardeur du sentiment et génie de la pensée. Tout se trouve entassé sous un dénominateur définitif : le charme, la laideur, la timidité, la fraîcheur, le talent. Il ne reste de cette diversité que des choux pétrifiés et grisâtres, un lit de rivière plein de cailloux arrondis, atroces, et dont le regard des vivants ne peut supporter longtemps l'immobilité narquoise et comme prête à bondir. Car je suis de ceux qui ne parviennent pas à s'empêcher de penser qu'il reste quelques atomes d'existence, une idée oubliée, une sensation paresseuse, au fond de cette matière qui ne veut jamais s'effriter...

Et partout la même obsession, la même géologie de crânes. C'est une fête, une Exposition Universelle de têtes de morts. Il y en a partout : sous vos pieds, à portée de vos doigts, au-dessus de votre misérable tête de vivant, à gauche, à droite, dans l'air. Des trains et des guirlandes de crânes partent de tous côtés et font songer à quelque décoration. Ce luxe d'ossements a été employé en corniches, sur les frontons, en bas-reliefs, en ronde-bosse. Ils forment mobilier, bibliothèque, éventaire... Par bonheur, ce cimetière dans le ventre duquel on circule est tout couvert d'inscriptions. Des poètes ont jugé bon de prêter leurs vers à ceux qui ne liront plus jamais, des versets de la Bible se confondent aux textes officiels, rappelant aux visiteurs les lieux et les événements d'où proviennent tant de côtes, de fémurs, de boîtes crâniennes, de tibias et de phalanges.

Çà et là, des monuments, des curiosités, sortes d'attractions plus mortes que les morts, bordent cet enfer : la fontaine de la Samaritaine, des chapelles funéraires, le tombeau de Gilbert ! La nécropole se trouve à cet instant à quinze mètres au-dessous de la Seine. Ces détails n'intéressent visiblement pas la noce errante, qui commence à regarder où elle met les pieds, et dont le cœur est torturé par les yeux sans vie, et pourtant présents, des millions de têtes désormais inutiles et immortelles comme des pierres. Nous piétinons déjà

13

depuis une quarantaine de minutes dans le souterrain et le charme de charbon des entrailles où tout finit par s'écrouler s'est évanoui pour nous. Nous passons presque au galop devant des excavations hautes de onze mètres, appelées *Cloches de Fontis*, et nous nous retrouvons enfin au grand jour de la rue Dareau, un peu ridicules quand même, après une ascension de quatre-vingt-deux marches.

Je parie qu'aucun des membres de la noce ne se risquera plus jamais dans les Catacombes.

Quant à moi, je ne puis m'habituer à l'idée que ce musée est administré par des fonctionnaires bien tranquilles, en contact tous les jours avec quinze millions de morts...

L'OBSERVATOIRE

L'étude de l'astronomie étant très peu poussée dans l'Enseignement du Second Degré, il en résulte que l'Observatoire de Paris tient une assez faible place dans la cervelle du passant, et c'est grand dommage. Ce qu'on sait à peu près communément, c'est que c'est de l'intérieur de ce palais du Grand Siècle, de ce pâté-surprise, construit sur les plans de Claude Perrault, que part à volonté la phrase désormais célèbre dans l'oreille des usagers du téléphone : *au quatrième top, il sera exactement onze heures dix-neuf minutes trente secondes...*

Pour moi, aucun établissement sérieux ne me semble aussi bien conçu pour la science et ses rêves d'exactitude que l'Observatoire ; mais aucun ne me semble également aussi parfaitement adapté aux immenses songeries des poètes et à leurs emportements. C'est le temple des astres, la maison de la lune et la bibliothèque des méridiens. Que de fois, avec mon vieux Charles-Louis Philippe, avons-nous senti notre âme partir vers l'Inexplicable en contemplant les quatre faces de l'édifice, qui correspondent, ainsi le voulurent Auzout, Colbert et Louis XIV, aux quatre points cardinaux.

Les astronomes de notre temps, qui ne tombent plus dans les puits et qui ne se coiffent plus comme s'ils devaient assister le soir à quelque dîner de têtes, déclarent que s'il fallait construire en notre siècle un Observatoire digne des positions de la toute dernière science, on ne s'y prendrait plus comme Perrault. On chercherait quelque terrain de sport d'une quarantaine d'hectares, et, au lieu d'orienter la maison des étoiles au solstice d'été de 1667, on choisirait le Midi comme point de direction. Il nous plaît simplement que l'Observatoire soit aujourd'hui comme le nombril même de Paris, et qu'il nous communique de jour et de nuit la clef de notre position universelle : latitude de Paris, donnée «à un poil de grenouille», et conservation de l'heure exacte, transmise à chaque instant à toutes les succursales du Temps, ainsi qu'aux navires sans montres.

Quelle merveilleuse école d'aventure que cette présence de mesures et de renseignements ! On m'a raconté qu'un fils de facteur, dont le papa avait longtemps apporté le courrier à ces messieurs de la lorgnette, s'était un jour découvert en pleines entrailles la passion de naviguer, et qu'il était parti un beau matin de Paris

16

pour accomplir son tour du monde, l'imagination pleine d'astrolabes, d'étalons et de pendules…

C'est autour de l'Observatoire, et principalement dans l'intimité des huit chevaux marins de Frémiel, qu'aimait tant Maurice Maindron, dans ce quartier tout grouillant d'écoles, d'instituts et d'hôpitaux, que l'on rencontre encore de nos jours les plus purs originaux de la Capitale. J'écris les plus purs pour dire les plus authentiques, ceux qui ne supportent aucun mélange social, tenant les esthètes de Montparnasse ou de Montmartre pour des êtres assimilés et parfois débrouillards. Au lieu que les phénomènes qui rêvassent sur les bancs des allées de l'Observatoire relèvent du genre savant et ruminent des changements possibles dans la matière ou la rotation des mondes avec autant de candeur et de sérieux que ce M. d'Astarac, mis en scène par Anatole France, dans *La rôtisserie de la reine Pédauque*. J'ai parfois essayé de prendre contact avec ces songe-creux, faiseurs d'or abstrait, fils lointains des Cagliostro, qui se nourrissent de révolutions interstellaires et rêvent de paysages d'après la mort entre deux brioches. Hélas, ce fut en vain !

Ces gens-là ne daignent pas adresser la parole à de vulgaires profanes et gardent leurs nuées pour eux. Les heureux hommes ! En revanche, j'apprends en rôdant autour de l'établissement astronomique, que les liseuses de pensée, sorcières en chambre et brodeuses d'horoscopes sont particulièrement rares dans les environs.

17

Le voisinage des astres agrandis et la possibilité de les voir dans d'immenses miroirs où ils risquent de s'exprimer, les a fait fuir un quartier apparemment malsain pour leur commerce ; elles ont ainsi abandonné garnis, soupentes, mansardes et caboulots aux plus acharnés descendants de la magie du XVIIIᵉ siècle.

A l'heure de midi, ce sont de vrais savants que l'on rencontre aux abords du Palais céleste, des hommes profondément absorbés et particulièrement réjouis de visage. J'ai eu l'occasion d'approcher souvent, notamment chez la duchesse de La Rochefoucauld, qui les révère entre les mortels, quelques astronomes notoires : ce sont, évidemment, des hommes plus divins que nous, et dégagés des pelotes de passions dans lesquelles nous nous embrouillons toute notre vie.

On ne peut visiter l'Observatoire de Paris qu'une seule fois par mois, le premier samedi, choisi comme un jour de foire provinciale, et seulement si l'on est nanti d'une bonne autorisation directoriale. Il s'agit également de former groupe, comme pour visiter les champs de bataille de 1914 en car. Et c'est seulement lorsque ces conditions sont remplies que l'on voit s'ouvrir devant soi les portes de l'établissement.

Comme on sait, la ligne méridienne de Paris (2° 20' 14" de longitude E) divise le palais en deux corps de bâtiments égaux. Dès l'entrée, dans le jardin même, s'élève la statue de Leverrier, ce personnage éminent et romanesque s'il en fut, qui devrait bien inspirer à l'un

18

de nos spécialistes quelque magistrale biographie. Leverrier, qui habita l'Observatoire, comme la plupart de ses illustres confrères et collègues, et notamment Arago, qui y mourut, avait entrepris sur le papier la recherche d'une planète dont les sautes d'humeur et l'agitation d'Uranus lui avaient fait soupçonner l'existence quelque part dans le ciel. Un jour de septembre 1846, indifférent aux révolutions politiques, il annonça aux savants européens qu'il était satisfait de son travail. Ce même jour, alerté dans son laboratoire, un astronome de Berlin, nommé Galla, découvrit à coups de télescope, à l'endroit exact que lui avait assigné Leverrier, la fameuse planète qui fut baptisée Neptune.

Ainsi l'imagination est déjà prête à cavaler de toute sa vitesse dans les salles du premier étage, qu'animent Cassini et Laplace. C'est là que je découvre, en ce qui me concerne, un des plus merveilleux musées dignes d'ébranler le cerveau d'un homme sensible. Je ne connais que les poissons pour rivaliser de mystère et de perfection avec les images lunaires et les instruments dont se servent les astronomes pour nous en révéler mille détails funambulesques.

Clichés photographiques du ciel, grandes pistes pour étoiles filantes, chutes de phosphorescences, étalons du système métrique, grammaire des mesures définitives et inviolables, pendules, prismes dont se servirent Arago et Fresnel pour bouleverser les sciences et le monde optique, astrolabes et sphères célestes, il n'en faut pas plus pour faire basculer la somme de nos idées reçues et les pauvres machines de nos pauvres cerveaux. J'admire les portraits de Leverrier, de l'amiral Mouchez, de Tisserand et de Delaunay, qui connurent la volupté de se mouvoir dans l'immense et de prévoir dans leur cabinet des révolutions d'astres, des nuits futures ou de soudaines éclipses. J'admire aussi que tout se corresponde, et qu'il faille chercher en tous sens pour percer les énigmes dont nous sommes entourés : ainsi sur la plate-forme même de l'Observatoire, voici le fameux puits qui descend jusqu'au secret humide des Catacombes voisines, et dont les savants se sont servis pour leurs études sur la chute des corps.

Les caves de l'établissement sont d'ailleurs plus profondes que les Catacombes. Elles creusent une coulée de vide de vingt-sept mètres à la surface de la planète, et sont constamment maintenues à une température de 11°86. On y a logé, comme des hôtesses de qualité à qui la lumière du jour doit être éternellement ravie, quatre pendules sidérales chargées des synchronisations électriques types.

Et quel étrange vocabulaire dans ces salles où le ciel s'en remet peu à peu à la responsabilité des hommes : équatorial de 38 cm d'ouverture abrité dans une coupole toute en cuivre, atlas photographique de la lune, grand télescope à miroir, lunettes équatoriales coudées, spectroscope destiné à l'étude de l'état physique des étoiles. Il y a là tout ce qu'il faut pour tourner la tête de «certains fous», convaincus que le secret de l'amour, du rajeunissement et de la puissance se trouve dans une intimité complète de l'âme humaine et des astres. Camille Flammarion avait «romancé» le ciel... Et que le courrier de M. Ernest Eschangon, l'éminent directeur de l'Observatoire, doit donc être singulier ! Sans doute, est-il amené à déchirer, parfois à regret, des messages de faiseurs de soleil et d'alchimistes des deux mondes qui lui proposent tantôt leurs conceptions célestes, tantôt des recettes sensationnelles pour changer la face du monde, le visage des hommes et le cœur des femmes...

Il m'est arrivé de prendre un jour l'apéritif avec un de ces phénomènes. C'est tout juste s'il trouva les mots qu'il fallait pour commander sa boisson, enchanté qu'il était par des noms d'étoiles que l'on connût d'ailleurs très peu : la Vendangeuse, l'Épaule droite, la Chevelure de Bérénice, le Chêne de Charles II, la Machine pneumatique (qu'il prenait pour un astre, n'ayant guère étudié, dans sa chambre d'hôtel, que les rayons de lune), l'Atelier de sculpteur et le Chemin de Saint-Jacques. Pendant plus d'une heure, il m'entretint d'horizon réel et de cercle finiteur, d'occultation et de syzygie. Merveilleux homme, à qui de tels mots donnaient à coup sûr l'illusion de vivre à la manière d'un génie aérien, et qui croyait, dur comme fer, aux êtres qu'il créait de toutes pièces. Ainsi, sa blanchisseuse, qu'il appelait d'ailleurs Algénib ou Dénébola, selon l'heure, devenait pour lui une reine du ciel, un ectoplasme lunaire que lui envoyaient les dieux de l'azimuth pour le consoler de vivre parmi les misérables terriens. Il en est de l'astronomie comme des finances ou de la politique : l'absurde y est de mise. Mais du moins, ici, il est inoffensif, et plutôt plaisant. A mon tour, si j'avais une prière à adresser aux forces secrètes de la nébuleuse, je lui demanderais de mourir dans ce délicieux quartier de l'Observatoire en compagnie des fous de verre fumé et des intoxiqués de périhélie, qui s'endorment pour toujours avec la ravissante certitude qu'ils vont enfin nager dans le bonheur de mondes inconnus, et s'asseoir à la table des étoiles.

LA MOSQUÉE

J'ai eu, il y a quelques années, le rare bonheur d'être
convié à l'inauguration de la Mosquée de Paris, fleur de
finesse et de mystère, qui monte, place du Puits-de-
l'Ermite, d'un agrégat de blocs et de briques pareille à
un navire des Mille et une nuits. C'est Louis Barthou
qui conduisait le cortège de son petit pas, lambdalisant
sous son binocle. Si Khaddour ben Ghabrit faisait les
honneurs. On apercevait, dans la cohue des officiels, la
comtesse André de Fels, Alexis Léger, Parmentier, le
fameux Parmentier, cerveau spécialisé, qu'une mort
prématurée a arraché bien tôt aux finances françaises.

La plupart des invités n'avaient pas encore vu de
décor oriental, du moins d'aussi près, et l'on n'avait
d'yeux que pour les petites tables polygonales incrustées

de nacre sur lesquelles allait être servi le caoua, pour les arceaux fins, élégants, bariolés, pour les divans étranges qui constituent le secret mauresque.

Sur un signal, nous nous assîmes tous en tailleur autour d'un amas de mets extraordinaires parmi lesquels régnait un couscous qui m'a laissé, jusqu'aujourd'hui compris, de merveilleux souvenirs dans le palais. Barthou, qui avait des cuissettes assez grassettes et le tissu du pantalon un peu tendu, protestait, poliment. Mais nous arrivâmes à nous tasser fort agréablement et à nous jeter bientôt des petits pois à la figure «pour corser l'aventure».

Au dessert, parut Guili-Guili, l'aimable fakir que j'avais lancé dix ans auparavant pour la joie du *Bœuf sur le toit*, et qui mit toute sa bonne grâce soit à nous faire sortir des poussins du nez, soit à effacer, devant les dames rêveuses, quelque numéro de carte en le touchant avec son pouce.

Le lendemain de ce jour, les Parisiens apprirent par leur journal que Paris était désormais doté d'une mosquée musulmane, et le crurent. Ils étaient, en réalité, en deçà du miracle : c'est un véritable quartier musulman qui se trouve réuni sous ce nom, une toute petite ville, mais une ville, suffisante sans doute à l'activité musulmane de Paris et qui groupe dans une sorte de triptyque tout le nécessaire arabe : la religion, la pensée et le commerce. Les architectes Heubès, Fournez et Mantout ont mis quatre ans pour appuyer, sur le sol banal de ce quartier, cette construction maroco-hispano-mauresque qui en est aujourd'hui un des ornements. Hélas ! ces Parisiens ne se risquent guère vers cet Orient calme et parfaitement reconstitué, parfaitement alimenté aussi en couleur locale par les échanges entre la métropole, les colonies et l'immense patrie musulmane. Aucun dimanche n'offrirait un tel bol d'exotisme à leur imagination.

J'ai été surpris et séduit le premier par cette balade chez Allah, moi, Parisien de naissance et de goût, vieux Parisien parmi les plus recuits, et assez mesquin pour fermer les yeux sur les spectacles qui ne relèvent pas à mon avis de la pure tradition. Je dois dire que cette mosquée était faite pour ma fantaisie et que j'y retourne fréquemment, attiré par un soleil idéal, et par une sagesse sans limites qui a fait des Orientaux les maîtres des femmes.

Le voyage vers le paradis oriental et ses langueurs se fait tous les jours pour cent sous, modeste cotisation qui eût réjoui le père Gautier et tous les poètes spécialistes de la question d'Orient. N'y allez pas, par exemple, le vendredi, c'est jour de repos et de mystère.

La cité musulmane est une chose très pure : elle doit ses murs, ses arabesques et son minaret de Paris aux souscriptions recueillies en Afrique du Nord, et donne les cinq francs du visiteur à des œuvres de bienfaisance musulmanes. Tout ici est poésie, calme et paresse bienheureuse. La gamme des tons verts qui, dès la petite cour d'honneur, se joue entre le pavage et les plantes décoratives, vous dispose déjà à d'immenses rêveries. La porte qui ouvre sur la mosquée proprement dite rappelle les motifs de la porte de Chellah à Rabat ; elle est en eucalyptus, bois de corail et noyer. C'est une des curiosités du lieu saint, et les fidèles repliés sur eux-mêmes qui me précèdent dans le silence de la courette savent bien que le gouvernement de la République française n'aurait pas voulu gratifier les fils d'Allah d'un ameublement exotico-religieux de bazar de l'Hôtel de Ville. Nous nous suivons lentement jusqu'au vestiaire attenant les salles des ablutions où mes voisins arabes, persans, égyptiens, libyens ou syriens retirent leurs chaussures et se livrent à la délicieuse algèbre des rites. Des mosaïques et des colonnes de marbre rouge de Carthage éloignent peu à peu le visiteur des arrondissements parisiens. Même le patio, qui évoque les boiseries célèbres et l'allure de celui de l'Alhambra, voire les conflits actuels, nous maintient dans le voyage intellectuel... Je ne me risque pas dans la salle des prières, d'où monte vers les fronts penchés l'odeur unique au monde du bois de cèdre. J'aperçois sur le sol, tandis qu'on chante quelque part à la manière de Tino Rossi, de magnifiques tapis, qui tous, me dit-on, sont des cadeaux de princes et de cheiks : ils viennent de Perse, de Damas et de Fez. La chaire a été offerte par le roi d'Égypte, Fouad Ier. Et voici, au fond, le mihrab, nœud vital des mosquées, qui indique aux fidèles la direction de La Mecque. Nous avons tenu à décorer ce lieu avec toute la précision et la magnificence possibles et l'on voit bien que les coupoles satisfont pleinement les grands dignitaires musulmans qui ont l'habitude du décor somptueux des lieux sacrés de leur culte.

J'ai beau insister pour grimper au sommet du minaret, mais l'entrée en est absolument interdite : l'ordre est formel ; c'est égal, j'eusse volontiers contemplé, du haut d'un observatoire musulman de 36 mètres, un bout de ce paysage parisien que signale la robuste coiffure du Panthéon. Renonçons donc à cette tour, imitée de celle d'Hassan, de Rabat, et revenons vers les murmures de pensée et les échos de modernisme qui proviennent de l'Institut. C'est ici qu'on a logé, à côté des salles de conférences et du salon d'honneur, les représentants poétiques du culte le plus sage et le plus original : le muphti, le muezzin et l'iman. Combien de Parisiens savent de ces choses ; et se doutent-ils qu'ils sont aussi près de la lampe d'Aladin ou d'Ali Baba ? Ceux peut-être que je vois entrer, ornés de lunettes, chaussés à la «sport», silencieux et préoccupés, dans quelque salle d'études : Français, absorbés par les cours de langue arabe qui se donnent dans l'établissement, mondains nordiques venus pour apprendre à engueuler, devant les mijaurées, dans les caravansérails d'Europe centrale, à Cannes ou à Biarritz, de malheureux marchands de tapis.

La cité musulmane tient encore une petite surprise en réserve pour le touriste, ce qu'on appellerait en termes administratifs son département commercial. Celui-ci se compose d'un hammam à trois étuves, dont la dernière, celle qui semble réservée aux énormes sidis des légendes arabes ou aux champions de catch, atteint 55° ; une salle de repos, un café maure, qui rappelle aussi bien les coins discrets et torrides de Tlemcen que les vers célèbres de Jules Lemaître :

Dans le café maure, immobile,
Vêtus de grands costumes blancs…

Ainsi se devinent les clients flegmatiques du café ou du restaurant, Marocains ou Libanais aux paupières toujours à demi-fermées, sommeillant comme des chats, les mains longues et fines, tout remplis d'une science mystérieuse et cachée qui ne communique ses secrets de bonheur qu'à celui qui sait adopter la souple rigidité du palmier. Non loin du restaurant s'aperçoit une série de souks, une sorte de galerie marchande plutôt, où les ans accumulent une grande diversité d'objets provenant de Marrakech, d'Alexandrie, de l'Irak, ou des derniers villages de l'Arabie qui annoncent aux caravanes qu'au-delà commencent les zones de mort du royaume de Saba.

La cité musulmane est brusquement envahie par des touristes ou des militaires saisis, en plein Paris, après des années de bourgeoisie et de passions dirigées, par un sursaut de nostalgie orientale, et l'on voit ainsi défiler, devant les curiosités et les couleurs du style mauresque, les coussins du café sombre, les plats de couscous ou le bois de corail sculpté, de petites troupes de figurants de cinéma que hante le souvenir des chaleurs et des sables, ou quelques vieux généraux à moustache tombante qui s'acheminent, clopin-clopant, entre les brûlants témoignages de leur passé. Toutes ces mosaïques, ces tapis, cette odeur d'eucalyptus et de cèdre, le murmure nasillard du muezzin et l'ombre phallique du minaret leur jettent à la tête des gestes de houri, des conquêtes marocaines ou des galopades à travers le désert, qui font sortir de leurs yeux morts de robustes larmes de héros.

J'ai assisté ainsi, dans le café maure de la Mosquée de Paris, à une scène brève et tendre dont j'ai longtemps gardé le souvenir. Une sorte de militaire de cuir et d'acier, à la Gouraud, traversait lentement les salles et semblait accomplir un pèlerinage. C'était un dimanche. Le vieux soldat regardait avec joie la décoration arabe et les signes orientaux du lieu. Il avait manifestement choisi cette décoration de préférence au cinématographe, et tuait son temps comme il pouvait. A un moment, un long Arabe traversa le café et vint se planter devant lui. Le vieux militaire recula d'abord, montrant qu'il était peu habitué aux contacts ; puis, peu à peu, je vis ses yeux s'éclairer, son visage se détendre : il venait de reconnaître dans le bonhomme une ancienne relation d'oasis, quelque silhouette mêlée à des images de dromadaires et vieille de cinquante ans. Un mystère avait duré entre eux, et ils se serrèrent les mains en engageant un affectueux duo en langue arabe. Puis, heureux, ils retombèrent dans la contemplation et l'Oriental dit qu'Allah et Mahomet étaient, tous deux, grands et généreux... ou quelque chose d'approchant...

LE PALAIS DE LA DÉCOUVERTE

La lune et ses Champs de Mars de dentelle, le grain de sel grossi quatre cent millions de fois, pareil à une fantasia d'haltères, les générateurs électrostatiques qui font songer à des girafes de ballets russes, la pensée, l'attention, le recueillement, la leçon de choses des mathématiques, la beauté des modèles géométriques, les états physiques de la matière et la réalité moléculaire, la métallurgie du fer et l'origine des techniques — certes, il y a quelques années, ne nous aurait-il pas fallu quelque crise d'une imagination virulente pour concevoir que des choses aussi peu «spectaculaires» pour l'œil de l'époque eussent le don d'émouvoir un jour le regard des hommes et de dérouler des jouissances d'ordre théâtral ou passionnel dans la mélancolie de nos cerveaux ?

Tentée chez Henry de Jouvenel, grâce à Jean Perrin, qui est le poète de la matière, à Borel, à Langevin et à Urbain, grâce à Henri Laugier, qui est l'animateur de la Recherche Scientifique, à Roussy et à Rivet, à Gosset et à Pasteur Vallery-Radot, la civilisation a enfin consenti à se montrer, pareille à une vedette, au sommet des objets visibles, sentimentaux, industriels, comestibles ou économiques, qui naissent et renaissent d'elle comme des bulles de savon. La civilisation dans ce qu'elle a de plus royal et de plus dominateur : c'est-à-dire la puissance même de l'esprit. C'est pourquoi je tiens le Palais de la Découverte non pas seulement pour une sorte de tournant olympien dans l'aventure humaine, mais pour une des plus impressionnantes expériences de narcissisme cérébral que le monde ait tentées.

Ceux qui, naguère encore, même du temps de Claude Bernard, auraient pu douter d'une science étalée ou dévoilée, d'une science offerte, comme une femme ou un film, d'une science gratuite, immédiatement respirable, immédiatement familière, royale dans son aspect, maternelle dans ses mystères, ceux qui n'auraient pas cru à ce lyrisme de la spéculation et à l'exposition des idées par des choses, sont bien forcés d'admettre aujourd'hui, avec le monde entier, avec les nerfs et les mémoires du monde entier, que la science tient une place graphique et poétique sans précédent sur ce vieux monde abondant et souriant qu'elle dévalise peu à peu de ses secrets.

Je veux bien qu'il y ait la danse, le spectacle, la radio, le cinéma, le sport, l'élégance, la politique et le vaudeville, mais ce sont là miettes de frivolité, fleurs d'argent fragile, ou Niagaras de médiocre qu'alimentent à tout prendre de minuscules veilleuses de féerie. Tout cela est facile. Drames de bibliothèques roses et sensations de jeunes filles. Un sang de Côte d'Azur circule à fleur de notre occident superficiel...

Mais plus loin, plus haut dans l'imaginaire, plus bas dans l'émouvant, que de spectacles intellectuels, que de réjouissances violentes demeuraient réservées ou cachées ! Le monde était monde sans se douter de l'importance de ses arcanes, de ses organes, de la beauté de ses lois, de la magnificence de son rythme. Tout ce qui règle la vie et la mort des hommes et des corps nous échappait : cette énigme d'or et de perles ne quittant jamais le «privé», le tapis vert international des cerveaux élus, de ceux auxquels la Technique et la Théorie avaient ouvert leur âme.

L'homme le plus fin passait lui-même à côté de ce lieu commun géant : exposer l'invention elle-même, la démarche même du cerveau, au lieu du résultat de l'invention et des conquêtes de cette démarche. Il n'a fallu qu'un éclair, une courte et rapide résolution pour changer la face des choses. Jusqu'ici, l'on montrait au grand public une civilisation créée, munie de ses lampadaires, de ses opéras, de ses machines à faire le café et à extraire le caviar du poisson ; on lui montrait les acquisitions et les biens sortant, mouillés encore, des mers de l'inconnu. Les savants contemporains ont décidé de lui montrer «la part déterminante que la découverte de l'Inconnu a prise dans la création de la civilisation», selon la phrase si simple et si juste de Jean Perrin. Si bien que des parties du monde longtemps ésotériques et timides, telles que biologie, cinématique, induction, fluorescence, spectroscopie, géochimie, biométrie humaine sont venues reprendre, dans le champ visuel et sur les terres de l'imagination, les domaines impériaux et poétiques auxquels leur majesté leur donne droit.

La première des sciences, la mathématique elle-même, surgie des mers incolores de l'Abstrait, s'enveloppe du vêtement charnel de l'Aphrodite soufflée de l'écume marine. Sous une coupole empruntée à un décor de film cubiste — mais tout est ici merveilleusement déduit, nécessaire et ruisselle de sens —, court la guirlande de chiffres des 700 décimales calculées à ce jour du nombre π; des dispositifs armés de fils arachnéens, où l'ingéniosité, cette soubrette, habille la Science, cette princesse du sang, combinent géométrie et algèbre en séduisantes images, propres à susciter la vocation d'un Pascal en culottes courtes ! Les principes de l'aurore boréale crissent dans une équation de craie sur ce tableau noir ; la quatrième dimension se dilate dans les + et les − de cette formule de quarante chiffres. Et encore l'équilibre d'un pont métallique jeté sur une vallée bleue, la giration de cette tourelle cuirassée que déjà fouettent, sur la sécheresse de l'épure, les moites embruns de l'alizé tropical.

Un spectacle plus direct, mais réalisé de sorte à contenter l'ajusteur en congé payé comme le candidat à l'X en mal de bicorne, c'est celui auquel a présidé M. Esclangon pour les salles d'astronomie. L'univers stellaire y paraît avoir été cueilli, à la lettre, comme un bouton d'or, dans les profondeurs cosmiques. Il faut avoir vu ces extraordinaires photographies diapositives tirées sur verre et éclairées par transparence, où tout un chacun se trouve, le plus simplement du monde, par la grâce d'admirables savants, convié à l'exploration de l'inaccessible éther. Sur le tapis volant de la lunette astronomique, nous franchissons, nous dépassons la Voie Lactée pour accéder aux monstrueuses morves d'or blanc des nébuleuses spirales : l'amas d'Hercule et ses millions de soleils à trente-trois mille années-lumière de notre globe – ce grain de poudre de riz ; la nébuleuse d'Orion, plus proche avec ses dix-huit cents années-lumière de distance, examinatrice céleste, de par Bételgeuse la rouge et Rigel la blanche ; ou, aux confins de l'investigation humaine, l'M 81 de la Grande-Ourse, dont la plus ambitieuse astronautique doit désespérer de parcourir jamais les 1.600.000 années-lumière, et n'oublions pas qu'une année-lumière représente 9.498 milliards de kilomètres.

Soupçonnait-on, avant le Palais de la Découverte, que nos savants, et les plus clos dans le hérisson de la spéculation pure, pussent passer, dans l'art de la présentation pittoresque, nos plus prisés metteurs en scène ? Lequel de nos experts en grimaces et décors «à sensation» nous eût ménagé tel contraste qui, des milliards de lieues couverts par l'M 81 de la Grande-Ourse, nous invite à considérer l'infiniment petit, l'atome, autre univers cependant, lui aussi, autre système stellaire où les planètes-danseuses des électrons règlent autour d'un noyau-soleil leur ballet invisible ? Les rayons X nous font entrer dans l'intimité de la molécule, capricieuse Cléopâtre de la matière ; ils l'éclairent dans ses plus mousseux dessous ; ils révèlent dans un fourmillement miroitant, dans un poudroiement de pierres précieuses, le carrousel ordonné de ses atomes insécables.

Collons un œil prudent à l'oculaire de ce microscope : un étrange paysage se lève, de blancs icebergs stratifiés, une nature polaire organisée en cristaux nets, aux arêtes dures, une irréelle symphonie en blanc majeur. De quoi s'agit-il ? comme disait notre fameux homme de guerre. D'une simple goutte d'eau de savon. Ailleurs se coagule, en grains de raisin, tout un système astral de billes brunes, jaunes, vertes, toute une gamme de colorations d'automne, investissant de petits globes bleu ciel : impressionnisme à la Seurat, à la Signac ; plus loin se proposent d'inexplicables lignes brisées, un enchevêtrement de schémas hélicoïdaux : de Picasso à Fernand Léger ? Erreur ! vous expliquent d'utiles légendes. Ce sont, d'une part, atomes de bérylium, d'aluminium et de silicium cernant des atomes d'oxygène dans des cristaux de béryl, d'autre part, molécules de quartz avec leurs composantes en hélice, qui vous dévoilent tous les secrets de la polarisation rotatoire et des propriétés piézo-électriques. Prodigieux vocabulaire de la science.

L'omnipotente Matière, la Matière avec un grand M, démesurée, immesurable dans la grandeur comme dans la petitesse, joue ainsi au Palais de la Découverte, et singulièrement par les techniques photo-chimique et spectrochimique, les grands premiers rôles du spectacle magistral. Toute émission lumineuse est due à un bombardement de photons, mais ces photons agresseurs sont aussitôt dévorés par les molécules qu'ils transforment, dans une chaîne sans fin : voilà l'une des plus récentes acquisitions de la physique moderne. Un dessin animé, qui réclama bien plus d'esprit et de talent que le meilleur Mickey, vous l'apporte toute cuite, mitonnée à souhait, quasi assimilée déjà, sur un écran où vous la recevez, la bouche ouverte...

Et que dire de la section de biologie ? La culture des cellules dans le plasma sanguin, blanche mie de pain dans un chaud bourgogne, le cœur artificiel de Carrel et Lindbergh où l'homme joue avec Dieu le jeu de la concurrence déloyale, la greffe de la tomate sur l'aubergine et de la douce-amère sur la belladone, le galvanotropisme des algues et le rhéotropisme de la crevette *Gammarus*, la phosphorescence des bactéries et les mutations de

37

l'Œnothère, le mimétisme du poisson-torpille et la sexualité des champignons, les chromosomes de la mouche Drosophile, et la plus saisissante, peut-être, de toutes les démonstrations réalisées en ce lieu, le «cycle du carbone», autant de simples merveilles, où le charlatanisme n'a point de part, et que la biométrie humaine vient couronner, comme la dernière pierre d'un édifice où vagit l'éternel espoir des hommes.

Si l'on portait le monde à son origine en quelque page de son Baedeker, tout simple et piaillant, marmot de terre et de langes incandescents, et si on le comparait à ce qu'il est aujourd'hui devenu dans les salles de mathématiques ou de phénomènes oscillants du Palais de la Découverte, on serait bien obligé de reconnaître que la vie éternelle commence sur terre, et que les Dieux gagneraient à prendre chez les hommes des leçons de fantastique et de merveilleux...

LE MUSÉE GRÉVIN

Je tiens le musée Grévin pour une des choses les plus singulières et les plus vieilles du Paris moderne. Je ne croyais plus à son existence, l'autre jour, lorsque je m'y risquai, et je fus bien étonné de le trouver à sa place, assez manifeste et tentant, appuyé au *Café des Princes*, où s'assemblent encore les demi-mondaines les plus hautes en poitrine et les plus fortes de hanches de l'Ile-de-France.

Le personnel de cet établissement, à la fois morose et sensationnel, évoque celui d'une petite banque endormie. On vous accueille gentiment, et on vous remet, si vous le désirez, trois billets, lesquels donnent respectivement droit au Musée proprement dit, au *Palais des Mirages* et au *Cabinet fantastique*. Il n'y a pas de foule. Les curieux viennent presque un par un. Parfois, un couple se presse, bousculé de permissionnaires et d'enfants. Des boniches lointaines arrivent essoufflées, suivies de villageois perdus entre deux trains dans une capitale trop encombrée de taxis.

Je me hasarde à demander quelques renseignements à la caissière, au portier, au guide, mais c'est bien la première fois, je pense, que ces braves gens sont assaillis de questions, et ils ne savent que répondre. Quelle charmante enquête pourtant : établir le chiffre d'affaires du musée, savoir à quel syndicat appartient le personnel. Mais personne n'est à même de me fournir ces détails.

Me voici dans la salle dite des Colonnes, dont la fondation est de l'époque de Robert-Houdin. C'est ici qu'il y a quarante ans, un des précurseurs du cinéma, Émile Raynaud, projetait, au milieu de la consternation des esprits, des dessins animés de pantomimes lumineuses à l'aide d'un appareil perfectionné de son invention qu'il appelait le *théâtre optique*. De pieux amis ont posé là une plaque, afin d'y perpétuer l'événement.

Le musée Grévin est une sorte de critère : on peut y faire le point de l'actualité. Ne sont, en effet, admis dans les vitrines que les seuls personnages qui soient profondément entrés dans le cerveau du peuple. La première vitrine qui retient l'attention est celle du cinéma. Autrefois, le musée Grévin présentait la guerre russo-japonaise, le Vésuve, la catastrophe du *Titanic* ou la grève des vignerons ; il était à la page. Aujourd'hui, il doit sacrifier à l'actualité la plus brûlante et présenter aux regards des spectacles qui ne provoquent aucune énigme. Or, quoi de plus actuel et de plus franc que le cinéma, personnifié par les acteurs les plus connus ? C'est ainsi que l'on voit, réunis sous la même lumière d'un studio, quelque peu simplifié, Marlène Dietrich, Greta Garbo, Charles Boyer, Ramon Navarro et Raimu ! Plus loin, en liberté, se querellant entre deux rideaux, apparaissent Laurel et Hardy, qui ont remplacé Charlie Chaplin dans l'âme humoristique de la populace.

Un grand mystère se dégage de ces figures immobiles qui ne ressemblent pas aux modèles vivants. Elles ne font que les évoquer, comme pour mieux nous faire apparaître le caractère réel des personnages reproduits. On remarque tout de suite que les célébrités ont le teint trop rose, les oreilles trop bien faites, les cils longs et réussis, les ongles soignés. Les hommes sortent tous de chez le coiffeur, rasés de frais, poudrés et rajeunis. Les femmes viennent à peine de quitter le fabricant de permanentes. Personne n'est las de se tenir debout ; aucune maladie de foie ne se révèle ; tous les visages sont des visages de jouvenceaux au régime : Léon Blum a trente ans, Robespierre est ravissant, Louis XI est tendre, Hitler sort des Galeries Lafayette. Seul, Mirabeau porte quelques petits trous sur sa figure, mais ceux-ci sont à peine accusés, et le tribun tient plutôt de Mayol que du révolutionnaire.

Ce qui frappe pourtant, dans cette assemblée de fantômes rafraîchis par la galvanisation, c'est qu'ils représentent de toute évidence le dessus du panier. Ce sont manifestement les têtes d'affiche du spectacle international. Qu'on en juge : voici, côte à côte et sous la même vitrine, Doret, Détroyat et Lindbergh, Ladoumègue et Marcel Thil, Staline, Mussolini et Hitler. Voici M. Eden, le pape, le président de la République, Roosevelt, Cécile Sorel, les Fratellini, Grock et le roi Edouard VIII, confectionné avant qu'il ne devînt duc de Windsor.

Aucune question embarrassée ne vole dans l'air. Chacun semble connaître les silhouettes qu'il aperçoit. On vient, en réalité, en visite, on veut être admis dans l'intimité des grands de ce monde, et rien n'est plus réjouissant que de voir les sourires de satisfaction violente qui se peignent sur les visages en présence de Sa Sainteté ou de Son Excellence.

Un père se retourne sur son jeune fils et, lui montrant M. Lebrun, propose :

– Donne-lui la main, petit, c'est ton président.

L'enfant se met à pleurer. Le père renchérit :

– Allons, donne-lui la main, il ne te mangera pas.

Mais le gosse refuse de tenter l'expérience. Et la scène continue jusqu'au moment où un surveillant vient signifier aux farceurs qu'il est interdit de toucher à la marchandise. Alors, on se livre aux plaisanteries, on trouve que Maurice Thorez, fort bien vêtu et porteur d'une serviette, ressemble à l'oncle Adolphe, on se précipite sur le gardien de cire qui dort dans un coin, on rit à gorge déployée autour du faux promeneur en extase devant la vitrine consacrée au couturier moderne et, pour finir, on va donner tête baissée dans le ventre d'un badaud en chair et en os, qui prend la chose gaîment, et non sans montrer, quelquefois, une certaine fierté d'avoir été confondu avec un objet de musée.

C'est dans les galeries du sous-sol que l'administration mystérieuse du Grévin a placé le gros morceau : l'histoire de France, racontée par larges tableaux parfaitement éclairés et qui supposent la collaboration d'un peloton d'agrégés et de costumiers fort avertis. Ici, la ressemblance, moins exigée, est plus frappante. Quand on circule depuis une heure dans ce labyrinthe aux apparitions grotesques et saisissantes, on finit par être obsédé, et l'on se met à craindre qu'une de ces statues fondantes ne bouge tout à coup. Que diraient les spectateurs ambulants de ce passé reconstitué si Louis XVI cessait soudain de s'accouder à la fenêtre de la tour du Temple, si Robespierre tendait sa main cruelle et menue à Camille Desmoulins, si le jeune Louis XVII décidait de se retourner sur sa couche, si Henry VIII sortait enfin de son silence et s'adressait à François Ier dans la langue de Charles Laughton ?

Le tableau le plus saisissant, et qui s'allonge sur deux côtés, est celui de la fameuse *Soirée à la Malmaison*, au cours de laquelle Bonaparte, un peu petiot, daigne écouter la Grassini. De Roustan à Caroline Bonaparte et de Duroc au petit nègre de Joséphine, tout le haut personnel légendaire de cette époque fabuleuse est là, bien sage, sans la moindre tache sur des vêtements fidèlement reconstitués. C'est à Frédéric Masson qu'on doit cette mise en scène, qui n'est pas dépourvue de noblesse et qui n'est pas plus ridicule que celle de la Chambre des députés de la législature en cours. Une des figures les plus étonnantes de cette assemblée, qui tient de la cour de jeunes filles et du bal de têtes, est celle de Talleyrand, ci-devant évêque d'Autun, tout de gris vêtu et très à l'aise dans le genre muscadin. Ah ! comme on comprend les visiteurs de ne pouvoir s'arracher à cette fresque de grandeur où prennent corps les souvenirs les plus énergiques de leur misérable mémoire...

La foule se grossit peu à peu d'autruche frisée, de nouvelles boniches, d'une noce discrète qu'on devine s'être trompée d'endroit, de godillots d'instituteurs et de ceinturons de biffins. Et nous sommes tous là, immobiles comme les êtres que nous contemplons, face à face avec les grands chapitres et les sommets de l'histoire de France. A peine avons-nous le temps de courir devant les scènes de la vie de Jésus ou le long des péripéties de Jeanne d'Arc, qu'une sorte de sonnette d'entr'acte nous avertit brusquement de la visite tant désirée du *Palais des Mirages*, visite facturée 1fr.50 pour ceux qui n'ont pas pris la précaution de se munir d'un billet à l'entrée.

L'attraction *Palais des Mirages* a lieu trois fois par jour ainsi que l'indique une pancarte apposée sur les murs crépis comme des gâteaux aux amandes. Nous montons sous la surveillance solennelle d'un gardien, dont il faut se méfier jusqu'à ce qu'il ait parlé : on ne sait jamais ! Enfin, nous sommes introduits dans une sorte de salle d'attente de dentiste de film, un boudoir haut de plafond et surchargé d'amas de carton doré qui représentent des cariatides ou des esclaves. On attend. Un coup de gong, aussitôt suivi de la plainte d'un phonographe, entame ce nouveau spectacle. De bleues, les lumières deviennent rouges, puis violettes, tandis qu'un jeu de glaces renvoie à l'infini des perspectives d'acné électrique. Cela ne dure que quelques secondes, mais nous n'avons pas le temps de nous attarder dans l'ahurissement, car on nous noie soudain en pleine obscurité. Un roulement de métro se fait entendre, et, lorsque la lumière revient, nous nous trouvons, toujours à la faveur de jeux de glaces, premièrement dans une forêt enchantée, deuxièmement dans les jardins d'un maharadjah. Le tout sans le moindre personnage...

Et le plaisir du musée Grévin finit dans un théâtre minuscule, où un illusionniste en habit amarante fait apparaître des lapins et disparaître des lapins et des colombes. On se demande, ma foi, à quoi pensait le vieux Grévin, peintre à béret et à pipe, quand il eut l'idée d'installer en plein Paris ce divertissement de décalcomanie.

LA BIBLIOTHÈQUE NATIONALE

Il y a une quarantaine d'années, quand on avait l'honneur de se présenter à la Bibliothèque nationale, on faisait voir sa carte, une carte renouvelable, au fonctionnaire encastré dans la petite guérite de l'entrée. On traversait ensuite toute la salle d'un pas légèrement solennel, et l'on s'arrêtait devant le bureau central où l'on recevait, des mains d'un autre fonctionnaire, un numéro de place, blanc ou vert, selon le côté. On gardait généralement son côté, et l'on retrouvait immanquablement sa place...

C'est ainsi que, pendant de longs mois, je fus le voisin de Charles Maurras. Nous fîmes peu à peu connaissance. Maurras était déjà atteint à cette époque de l'ennuyeuse infirmité qu'il supporte si allègrement :

il était sourd, et nous correspondions par petits bouts de papier. Nous quittions ensemble l'énorme temple de la rue de Richelieu, faisions quelques pas autour du square Louvois, si sentimental, et nous nous quittions comme des savants préoccupés et distraits. Plus tard, lorsque Barrès et Maurras reprirent *La Cocarde*, ils me firent signe, et je portais quelques articles aux bureaux de la rue Rochechouart. Pourtant, ce n'est pas au seul Maurras que j'ai eu l'occasion de serrer la main dans les salles de la Bibliothèque : je crois même y avoir rencontré bon nombre de mes confrères, et j'y ai même longuement causé avec le docteur Mondor, qui trouve le temps, malgré l'immensité de ses occupations, d'aller y admirer estampes, reliures ou manuscrits.

Un jour, j'arrivai à la Bibliothèque avec Marcel Proust. Nous avions dîné ensemble, avenue du Bois, chez une dame qui confondait la Bibliothèque nationale et la Banque de France, une ravissante poupée d'ailleurs, et qui nous avait traités comme des Rois Mages. Le taxi, une magnifique Renault haute sur pattes et que Proust avait dénichée, je ne sais où, nous déposa devant l'entrée principale. Je pensais que Proust allait descendre avec moi et feuilleter quelques curiosités en m'attendant.

— Non, merci, dit-il, je n'y mets jamais les pieds.
— Alors, venez fumer une cigarette, dis-je.

— Non, vraiment, je vous attendrai ici et je vous accompagnerai chez vous.

— Mais, j'en ai peut-être pour deux heures d'horloge !

— Alors, je viendrai vous chercher.

On sait que Proust était la politesse, l'obligeance mêmes. Je le laissai partir à regret car il m'aurait été infiniment agréable de le voir examiner des bouquins ou s'emporter contre les catalogues. Mais il avait été reconnu : les vrais habitués du lieu ne pouvaient se tromper sur ses paupières tendres et sa moustache déjà célèbre dans un certain milieu. C'était bien l'auteur de Swann. Un homme s'approcha de moi, tout en cheveux et en rides, une sorte d'anachorète tout gluant de nicotine, et qui me prit par le bras :

— M. Proust préfère fouiller dans les cœurs. Ah ! comme il est pratique d'avoir du génie !

Sans même me donner le temps de répondre, le vieillard s'éloigna et disparut dans la cour principale. Je m'acheminai à mon tour pour parcourir ce jour-là l'*Art de dîner en ville*, de Ch. Colnet du Ravel. Je ne sais pourquoi je n'ai jamais oublié ce détail. A la sortie, je vis le taxi de Proust qui m'attendait dans un coin du square Louvois.

A cette époque-là, les salles de la Bibliothèque nationale étaient pleines de phénomènes : professeurs aux visages pareils à des réveille-matin, astronomes des *Fables* de La Fontaine, personnages issus des dessins de Chas Laborde ou de Gus Bofa. Il y avait ceux qui empilaient des notes pour d'immenses volumes qu'ils ne devaient jamais écrire, les purs érudits qui fréquentaient le lieu comme on va au café et qui venaient se griser de lectures oubliées, inconnues ou rarissimes, des fantaisistes que leurs inquiétudes précipitaient sur les *Vingt-cinq méthodes pour gagner de l'argent*, un *in-octavo* qu'on trouvait, je crois, sous le numéro 20 479 ; des professeurs de province égarés dans un Paris de music-hall, de tangos et d'apaches qu'ils craignaient ; des dames enfin, dont la présence m'a toujours et longtemps fait rêver : j'y ai fait quelquefois rougir, en les fixant avec autant de timidité que de hardiesse, Madame Jane Dieulafoy ou Madame Marc de Montifaud, qui travaillaient en face de moi. Mais la plupart étaient si laides et si tristes, si mal vêtues, si peu femmes, qu'Henri de Régnier me dit un jour : «J'y renonce, vraiment, j'y renonce, cela me dérange !» Puis, il y a quelques années, je le vis reprendre ses promenades du côté de la Bibliothèque, et même y revenir subrepticement. Il ne se plaignait plus : quelque dieu avait remplacé l'ancienne clientèle féminine des sorcières par des chorus-girls et des anges. Les dames aujourd'hui sont jeunes, élégantes, et vous font lever la tête de dessus vos bouquins plus souvent qu'à votre tour. Bientôt, vous ne lisez plus rien du tout, vous regardez. Tel est le miracle des temps modernes. Si le féminisme doit faire accourir dans la politique ou dans le savoir ce qu'il y a de mieux comme tendrons, eh bien ! je suis féministe.

On n'étonnerait plus les Allemands ou les Américains en leur disant aujourd'hui que la Bibliothèque nationale est certainement la plus riche du monde : ils le savent, ils y sont venus, soit en pèlerinage, soit par devoir. Ils ont pris connaissance de cette forêt de classements et de pensées, de ce *milieu*, un des plus écrasants qui se puissent concevoir. Je me suis souvent demandé, en parcourant les salles de ce magnifique coffre-fort à bouquins, en furetant dans ces bâtiments qui reposent sur quatre rues, et quelles rues ! en évoquant les fantômes du vieil hôtel du président Tubeuf ou ceux du Cabinet des Estampes où figurèrent les collections de Mazarin, pour quelles mystérieuses raisons un romancier ne s'était pas encore risqué à développer une intrigue profonde et sensationnelle dans le cadre de la Bibliothèque nationale, ne serait-ce que pour nous donner de ce lieu chargé de trésors et d'histoire, une description minutieuse et conforme, une description à la Balzac, destinée à établir enfin pour le profane une fidèle relation du système total...

Que d'occasions romanesques, en effet, que de mur-mures poétiques aussi dans cette galerie Mazarine qui appartint successivement au cardinal combinard, à la

Compagnie des Indes, au duc de Nevers, à la Banque Law et au roi de France, lequel ordonna d'y transférer, en 1721, les merveilles de sa propre bibliothèque, ses manuscrits et ses pièces rares. Galerie unique au monde pour les vapeurs de rareté qui s'en dégagent. C'est là que les deux derniers administrateurs, Roland Marcel, naguère, et présentement Julien Cain, à l'esprit profondément subtil et pondéré, qui ont tant fait tous deux pour la grandeur et la réputation de l'établissement, ont choisi de présenter de temps à autre, aux Parisiens, les trésors qu'ils découvrent dans les replis secrets de la pierre et des armoires.

La Bibliothèque elle-même est située dans un quartier qui a un lourd fardeau d'événements à porter. Parmi les passants, pourtant modernes, qui lancent un œil distrait sur les fleuves de Visconti, jouant de leur bronze devant l'entrée principale : la Seine, la Loire, la Garonne et la Saône, combien se doutent que le grand Opéra de Paris, démoli après l'assassinat du duc de Berry, se trouvait là, il n'y a guère plus de cent ans ?

La Bibliothèque nationale est riche aujourd'hui de quatre millions de volumes, cent mille manuscrits, trente mille portraits, cinq mille camées, six mille cinq cents bronzes, des livres de l'Inde introuvables ailleurs, deux cent mille cartes, vingt-cinq mille manuscrits orientaux, coptes, chinois, etc. Des millions d'estampes, et deux cent cinquante mille pièces de monnaies ou médailles. Un jour que Julien Cain faisait défiler devant un étalage de merveilles, je crois qu'il s'agissait du Symbolisme, une petite caravane d'érudits parisiens, nous étions quelques-uns à échanger nos impressions quant à la «librairie» de l'endroit, comme eût dit Montaigne, et à l'énormité de son stock.

— Au fond, dit l'un de nous, ce ne sont jamais que services de presse.

Boutade en apparence seulement ! La plupart des livres de ce bloc de quatre millions proviennent effectivement des services de presse. Les rois de France recevaient des livres, du parchemin, des incunables, des manuscrits ou des estampes, tout comme un illustre auteur actuel, et ils avaient pris l'habitude de léguer ces dons, parfois de les remettre de leur vivant en un endroit central, lequel se transforma peu à peu en une bibliothèque nationale. Pour sa part, Charles V fit placer au Louvre 973 bouquins, dit l'inventaire de 1373. Malheureusement, ces livres furent vendus à lord Bedford après sa mort, et Louis XI dut recommencer à empiler dans la bibliothèque du Louvre les nouveaux premiers grains de sable du Trésor. Voilà des choses qu'on devrait apprendre à nos gosses, aux gosses de France, comme dit Poulbot, et je propose hardiment ici la création d'une histoire populaire des monuments de Paris : car, si nous n'y prenons garde, nous frôlerons bientôt des murs chargés d'ans et de science sans plus ressentir d'émotion que s'il s'agissait de murs de cinémas, de grands magasins ou de casernes.

Une des causes de l'enrichissement subit de la Bibliothèque fut l'arrivée des volumes de toute beauté et d'une valeur inappréciable que la Révolution arracha par dizaines de milliers aux chapitres, couvents et abbayes. Enfin, de nos jours, retentissent presque journellement les chutes du dépôt légal, Niagara de livres de tous formats que les imprimeurs de toute classe déposent à la Bibliothèque en double exemplaire conformément à la loi. Cette averse ininterrompue d'excellents et de détestables ouvrages – mais tout n'est-il pas indispensable au chercheur ? – si elle fait avancer rapidement les tonnes d'imprimé de l'établissement, ne facilite pas en revanche la tâche des rédacteurs du catalogue. Celui-ci n'en est encore qu'à la lettre P, et comprend déjà plus de cent quarante tomes : autre curiosité de la Bibliothèque et vers laquelle les industriels du Massachusetts se sentent irrésistiblement attirés quand les caprices du tourisme les conduisent rue de Richelieu ou rue des Petits-Champs ! Pensez donc, un catalogue de cent quarante tomes et qui n'est pas terminé, voilà qui rehausse le prestige français !

Les lecteurs n'attendent pas de moi que je leur décrive par le menu détail, le délicieux labyrinthe où se perdre et se réchauffer le cœur et l'esprit. Je les engage à demander au plus tôt leur carte d'entrée à l'administration et à faire de ce lieu un des pivots de leurs promenades habituelles. Qu'ils n'omettent pas, en entrant ou en sortant, de perdre quelques instants, square Louvois, où l'on voit errer des bibliothécaires, des érudits et des hellénistes, ou de boire un verre au café de la *Fleur de Lys*, où naquirent intellectuellement quelques-uns de nos jeunes auteurs dramatiques, dont la plupart font aujourd'hui des pièces sans même se douter que la Bibliothèque nationale leur survivra, à eux et aux enfants de leurs enfants.

Parmi les textes rassemblés ici, tous inédits en volume, *Les Catacombes, La Bibliothèque nationale, L'Observatoire, La Mosquée*, et *Le Musée Grévin* ont été publiés par Fargue dans l'hebdomadaire *Voilà*. Le sixième, *Le Palais de la Découverte*, retrouvé récemment dans les archives du poète, est totalement inédit.

Fargue avait déjà collaboré à *Voilà*, dès 1935 et durant l'année 1936, pour deux séries de textes ayant pour titres *Bars et boîtes de nuit* et *Plan de Paris*, articles en partie repris dans *Le piéton de Paris*. La publication de cette troisième série de textes intitulée *Les Merveilles de Paris* débute dans *Voilà* en février 1937 et se poursuit jusqu'à fin mai 1938. Hebdomadaire de grand format lancé en 1931, imprimé en noir et sépia à la mode dans les années trente, accompagné de photographies et avec un positionnement grand public, ce journal (édité par Gallimard et dirigé dans un premier temps par Georges Kessel, frère de Joseph, puis par Florent Fels) aura la collaboration de grands noms du journalisme et des lettres tels Pierre Lazareff, Henri Jeanson, J. Galtier-Boissière, Curnonsky, André Salmon, Robert Desnos, Jean Cocteau, Pierre Mac Orlan, Simenon, ou encore Marcel Aymé. C'est un journal de reportages et d'enquêtes, populaire, souhaitant montrer les «dessous et indiscrétions», et où la curiosité est le fil conducteur, sans prétention culturelle.

Les articles de Fargue y seront présentés ainsi : «*Au cours d'une pittoresque enquête, le grand poète Léon-Paul Fargue découvre pour les lecteurs de* Voilà *le vrai visage de la capitale*». Il n'y a plus qu'à lui emboîter le pas…

Achevée d'imprimer en novembre 2008
par l'Atelier Six à Saint-Clément, cette
édition originale se limite à cinq cents
exemplaires : vingt, numérotés sur papier
de la Madeleine, réservés aux Potassons,
et quatre cent quatre-vingt sur vélin.